變成大人前的

思考練習

關於同儕、自我、夢想、
學業、戀愛和家人

松田充弘
マツダミヒロ 著

黃薇嬪 譯

目 錄

第 1 章 關於朋友

第2章 關於自己

第3章 關於未來

第4章 關於學業

第5章 關於戀愛

第6章 關於家人

前言

　　十三歲是在很多方面都很難熬的時期。

　　這段時期，很多人剛從小學畢業，進入中學，突然就必須穿上制服，考期中、期末測驗，與其他人比分數，社團活動也有嚴格的學長姊／學弟妹制度，或許大家會因此感到迷惘。

　　再加上十三歲的年紀正好進入「青春期」，身心都在逐漸轉變成大人，我相信也有許多人對於自身的改變感到訝異或不安。

　　但是，請放心。

　　在這個年紀，本來就會**有各式各樣的煩惱，要說是「好事」也不為過**，因為有「煩惱」，就表示你在「思考」。

　　「思考」很重要，或許正是人類與其他動物最大的不同。我們如今能擁有舒適便利的生活，都要歸功於前人的思考，才能發明網路、智慧型手機等便利的工具。

　　尤其是各位成為大人之後，或許會比現在更需要「思考」的能力。因為 AI 人工智慧越來越聰明了。

　　AI 擅長收集、整合、分析大量資訊，卻不擅長想出

新點子或解決問題的方法，而現階段只有人類具備「思考」能力，因此只要做到 AI 辦不到的「思考」，你就擁有最強大的武器。

本書是以「提問」的方式，來回答我所接觸過的國、高中生實際遇到的煩惱。

關鍵就在提問。一般來說，當有人找你商量煩惱時，你會給對方「答案」；問題是，對方得到你的「答案」後，恐怕就會全盤接受，並停止自主思考。

我希望透過這本書教導各位培養**「靠自己解決煩惱的思考方式」**。只要懂得思考的訣竅，即使遇到煩惱，也能獨自面對。各位藉由這本書養成的習慣，在你長大後也能夠助你一臂之力。

我是「提問專家」，我的專業是向人提問。這份職業聽起來很不尋常，但我深深相信提問能夠改變人生。

十三歲是容易胡思亂想的時期，同時也是「擁有無限可能」的時期。

我希望藉由這本書，幫助更多人養成「思考力」。懂得如何思考，就擁有過得幸福的能力。若本書能夠成為各位的人生助力，本人將甚感萬幸。

松田充弘

本書的使用方式

接下來我將介紹實際諮商時遇到的四十七個「煩惱」，以及可引導大家自主思考的「提問」，再來就是針對該提問的解析與建議，希望對你們有幫助。

但是在你閱讀之前，必須注意幾件事。

容易煩惱的人往往也容易認真看待所有事物，因此請先記住下列三點：

❶問題的答案全都是正確答案！沒有對錯之分
❷覺得痛苦時，不需要勉強自己思考或找到解答
❸只挑符合自己狀況的內容閱讀即可！

學校考試要求正確答案，這其實有點違反常理。因為等到你出了社會，就會發現大多數情況下並沒有「絕對正確」的答案。

任何答案都可以，答案可以有很多個，不一定只有一個，即使是你「不知道」的答案也不要緊。

即使你先前不知道原來還有這種答案，在看過我的提問後，你就會開啟腦子裡搜尋答案的開關，並且在不知不覺中開始思考；就算無法立刻想出來，過一段時間也一定會有答案。

如何？你覺得這種方式你應付得來嗎？
別想得太複雜，放鬆肩膀，帶著愉快的心情讀下去吧。

第 1 章

關於朋友

01

我沒什麼朋友，
怎麼做才能交到朋友？

魔法提問

你和你想交的朋友有哪些共同點？

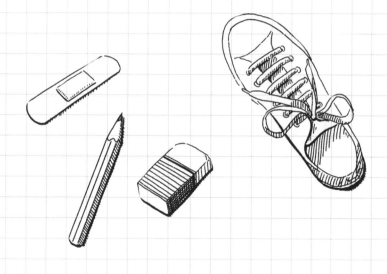

我和你一樣朋友很少。即使班上氣氛熱絡，我仍然覺得自己格格不入。我就是這種人。

　　這樣的我如今卻走遍世界各地，認識許多人，在全世界都交到了朋友。
　　你覺得這是為什麼呢？

　　首先，你必須停止勉強自己去交很多朋友。你需要做的是，好好珍惜你與面前那個朋友的關係。
　　這麼一來，你也有機會認識朋友的朋友；一旦有時間與朋友相處，你就能夠與朋友的朋友建立互信關係，人脈也會逐漸擴展開來。

　　因此我認為**朋友只要一個就夠了**。那麼，你要如何交到這個朋友呢？你只要想想：「對方和我有什麼共同點？」

◆居住地點、常去的場所

◆喜歡的運動或才藝

◆喜歡的電玩遊戲、動漫、YouTube 影片

什麼都可以，只要彼此有共通之處，距離就會快速拉近，就能建立友誼，你也不會煩惱該和對方聊什麼才好。

＼思考提示／

> 你真的需要那麼多朋友嗎？

02

自我介紹時，
要說什麼比較好？

魔法提問

假如要你提出三個「與自己有關」
的關鍵字，你會說什麼？

我的工作常常需要站在人群前說話，每到這種時候，我都會這樣自我介紹：

　　「我喜歡大海、溫泉和壽司。」

　　很簡單吧？

　　當我介紹完自己、結束演講後，通常會有人主動來問我：

　　「我也喜歡溫泉。松田先生，你都是去哪裡洗溫泉？」

　　藉由這個話題，我們也開始認識彼此。

　　我說過，交朋友的第一步就是找出雙方的共同點；但自我介紹要反其道而行，**要提供線索，方便別人找到自己與你的共同點。**

　　只要加入三個關鍵字就夠。關鍵字太多，對方反而很難記住。

\ 思考提示 /

什麼樣的自我介紹
更方便對方主動找你攀談呢？

03

分班之後，
原本要好的朋友圈
不理我了，
我變成孤零零一個人。

魔法提問

你想要多獨處一陣子？
還是想要盡快加入新團體？

我也有過類似的經驗。我的朋友形成自己的小團體，我看著他們覺得很羨慕；儘管他們沒有對我做什麼，我仍然覺得很疏離。

　　可是，一個人獨處也很自在。

　　你或許受不了只有自己一個人，想要趕快找人一起行動或加入另一個團體。

　　不過，暫時花點時間審視內心的感受或許也不錯。獨處也有獨處的好處。

　　假如你進入新的班級，想要加入新的朋友圈，當然必須採取行動，積極主動找人聊天。

　　或是，如果你想要與被分到別班的朋友維繫友誼，也可以主動與對方聯絡。

　　最重要的是，無論你怎麼做都沒有對錯。你只需要決定自己想怎麼做，以及為了達到目的你該怎麼做。

\ 思考提示 /

一個人獨處不好嗎？

04

我很不會說話，
跟朋友很難聊下去。

魔法提問

你對朋友在做的哪些事情

覺得好奇呢？

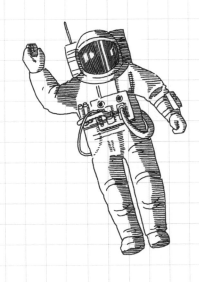

23

覺得跟朋友很難聊，其實是因為你對也不感興趣，話題才無法延續下去。這可能表示你並沒有特別想知道那個朋友的事情。

既然如此，或許也沒必要勉強自己與對方聊天。

假如不是這樣⋯⋯你想知道朋友的哪些事情？從這個問題開始問自己吧。如果你真心想了解對方，就會問得更深入，話題自然能夠延續下去。

溝通有兩種形式，一種是自己主動說話的溝通，另一種是引導對方說話的溝通。

如果你不擅長說話，就乖乖當聽眾，這麼一來朋友也更容易說出自己的事。更重要的是，讓朋友察覺到你的好意與關心。

比起擅長與朋友聊天，關心朋友應該更重要不是嗎？

＼ 思考提示 ／

你為什麼想了解對方的事？

05

我跟朋友吵架，
朋友因此在生我的氣。
我該怎麼做
才能恢復我們的友誼？

魔法提問

吵架的「起因」是什麼？

27

剛吵完架，想必你的內心還是很激動，也覺得大受打擊吧？這時先來一個深呼吸，然後按照下方的「**吵架提問表**」依序問自己：

❶吵架的起因是什麼？

❷當時是什麼心情？

❸你其實希望對方做出什麼反應？

❹對方有什麼感受？

❺今後將演變成什麼樣的關係？

❻你想要以什麼方式、告訴對方什麼？

　　假如你希望跟朋友和好，我想你能做的，就是把你的感受告訴對方。

　　上述的第一個問題最重要，你必須先釐清吵架的原因；有時是雙方的認知差異，朋友本來就在生氣，你卻認為是自己惹火對方，才會一發不可收拾吵起來（這種情況在夫妻吵架中很常見）。

　　釐清事實真相，檢視自己的心情，同時想像朋友的感

受與處境，這樣就夠了。

　　有時兩人鬧翻之後，想恢復友誼其實並不容易；即使你把內心的感受坦白說出來，也不能保證對方能夠同理，或是從此和睦相處。因此你必須事先做好無法和好的心理準備。

　　當你無論如何都想和好時，你可以絞盡腦汁去做你覺得能幫上朋友的事。但是，你不能指望對方必然因此改變心意，或期待對方有所回報。

＼ 思考提示 ／

吵架的後果是什麼？

06

我討厭朋友老是取笑我，
怎麼做才能讓朋友
停止這種行為？

魔法提問

你想成為什麼樣的人？

你希望取笑你的人閉嘴，問題是我們很難改變別人的行動。再說，就算你可以讓那個人閉嘴，也可能會再出現其他取笑你的人。

　　所以我希望你考慮「改變自己」，成為一個不管別人怎麼說，都不會放在心上的人。或許你覺得辦不到，但是有個方法可以「改變自己」。

　　這個方法就是「自我信心喊話」。話語具有無與倫比的力量，能夠賦予一個人強大的能量，所以你要對自己信心喊話，自我鼓舞。

　　聽到別人對你說哪些話，會讓你覺得開心？你好厲害、你好帥、你好可愛、你好溫柔、你能力好強？

　　試著將你想到的激勵話語，套用在「我很厲害」、「我很帥」、「我很可愛」、「我很溫柔」的句型，然後寫在筆記本上。寫二十個就好。

　　看著筆記本上的激勵話語，說不定你會覺得很丟臉，但這是「**自我打氣祕密筆記本**」，不是寫給別人看的。只

是要你每天對自己說這些話，久而久之你就不會在乎那些無聊的取笑了。

假如你想不到自己聽了哪些話會開心，也可以將消極負面的念頭，轉化成積極正面的形容詞。比方說，你覺得自己骨架太大，不妨轉化成「我很可靠」的正面形容。

這本「自我打氣祕密筆記本」能夠讓你更加肯定自我，尤其當你心情低落時，這個筆記本能夠賦予你力量。我希望每個人都有這樣的筆記本。

＼ 思考提示 ／

你喜歡聽到別人對你說哪些話？

07

有沒有什麼方法
能夠拒絕朋友，
又不會傷害彼此的友誼？

魔法提問

你現在是什麼心情？

你想要怎麼做？

想要這麼做的原因是什麼？

你想拒絕朋友，又不想傷和氣，也就是你不想因為這種事就和朋友撕破臉。或許你也有同樣的經驗，假設朋友約你去 KTV 唱歌，你擔心拒絕了，朋友以後可能「不會再約你」、「對你感到失望」，只好勉強自己赴約。

　　其實，你只要在拒絕時解釋原因就行了。
　　例如：
　　「（原因是）我不喜歡唱 KTV。」
　　「（原因是）我今天的作業還沒寫完。」

　　大家經常只說結論「我不能去」，往往不解釋原因；如果不曉得被拒絕的原因，開口邀約的人也會覺得不安，會擔心「我會不會被討厭了？」，然後心想「下次或許別約他比較好」，雙方的關係因此變得越來越尷尬。

　　有時即使你坦白不去的原因，朋友仍然強迫你出席。**這時你要以「我」為主詞，表達自己的感受。**
　　例如：

「我覺得……。」

「我認為……。」

我們很難改變別人，所以站穩腳步，堅定自己的立場很重要。否則老是配合別人，你會變得越來越痛苦。

以「我」為主詞表達感受，這在心理學上稱為「我訊息（I-message）」原則。採取這種方式不見得能夠解決問題，但絕對好過於閉口不提自己的感受。

\ 思考提示 /

你想怎麼做？

08

我討厭朋友
老是向我炫耀或抱怨。

你是聽完就忘？

還是會一直放在心上？

這是個困難的抉擇。最理想的做法就是與對方保持距離，老死不相往來，但有些場合不能這樣處理。

　　與人溝通時，結果不外乎「聽完就忘」和「放在心上」這兩種情況。

　　「聽完就忘」就像在身邊築起一道城牆，不讓別人說的話進入這道牆內。

　　你可以先用這道牆暫時擋下朋友的言論，再對他說「啊，你是這樣想的嗎」、「原來如此」、「真厲害」等等。

　　「放在心上」則是少了那道牆。

　　於是朋友的炫耀和抱怨等話語，就這樣直接闖進你的領域。你知道這樣其實會對你造成很大的傷害嗎？

　　如果是有共鳴的想法，「放在心上」還無所謂；但如果不是，就用不著勉強自己接受。

　　與朋友交談時，單純聽對方的論點就夠了。請在自己與朋友之間築起一道「聽之牆」吧。

\ 思考提示 /

你和朋友之間有「聽之牆」嗎？

09

原本要好的朋友
突然不跟我說話。
我該怎麼做，
他們才願意跟我說話？

魔法提問

你現在的心情怎麼樣？

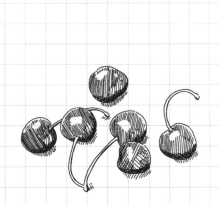

突然發生這種情況，我相信你一定很想盡快採取行動。

但是，你在行動之前，請先問問自己——你現在的心情怎麼樣？

悲傷、難過、憤怒……各種情緒湧上心頭，或許你根本搞不清楚到底哪個才是自己真正的感受，面對不斷湧上的負面情緒也相當不好受。

但是，**從客觀的角度觀察自己的感受很重要**，客觀才能夠看到事實。相反地，如果你沒有先確認自己的感受，就會覺得莫名煩躁，有時還會煩惱起與事實無關的問題。

因此，我希望大家要好好重視自己此刻的感受。

一旦你找出自己想要採取行動的原因，或許會責備自己「是我不好」、「是我太差勁了」。但那些都沒有必要。重要的是站穩腳步，堅定自己的立場。

這時，你可以拿出我們前面提到的「**自我打氣祕密筆記本**」。當你感到低潮或覺得能量不足時，更需要翻開這

本筆記本，和自己說說話，讓自己維持在活力十足、精力充沛的狀態。

接著，我們不妨來思考一下，為什麼朋友突然不跟自己說話？

這裡可以採用「提問法」來解決問題。下一頁我將告訴大家怎麼做。

| 解決問題的四個提問 |

➊ 「發生了什麼事？」

　　釐清現在的問題。

　　也許情況是「我發了 LINE 卻沒有半個人回應，我主動攀談也沒人回應我」。

➋ 「真的是這樣嗎？」

　　再以這個問題進一步檢視。

　　有時客觀上並非真的發生狀況，只是自己想太多，所以必須好好確認。

➌ 「然後呢？」

　　接下來思考「你想要什麼？」。

　　你思考出的答案或許是：「我希望回到大家都很要好的狀態。」

❹「該怎麼做？」

最後提出「你想怎麼做？」，並且付諸行動。

像是「跟他們聊這些話題，不知道他們會不會理我？」等另開話題的做法。

以上都只是舉例，你想到的不見得是這些答案；更多時候是你不曉得自己該怎麼做，想破頭也想不出答案。但是，當你學會這樣去思考之後，每次遇到問題時，我相信你會知道如何自主思考，並且起身行動。

＼思考提示／

你希望變成什麼樣的狀態？

① 「發生了什麼事？」（What?）

這個提問是為了釐清眼前的問題，從「你認為問題是什麼？」開始問自己。

② 「真的嗎？」（Are you sure?）

這個提問是為了確認上一題的答案。

問自己「那個狀況真的發生了嗎？」「你真的想要解決那個問題嗎？」審視自己是不是想太多、是否真心想要解決。

這是很重要的步驟。有時你以為自己百分百確定，有時也可能得到不同的答案。這時你可以更進一步問自己：「我為什麼這麼想？」然後重新思考自己的答案：「發生了什麼事？」

③「然後呢？」（What do you want?）

　　這個提問是讓你把視角放到未來，思考問題解決後，情況會有什麼樣的改善。在這個時間點提出這個問題，你或許會覺得腦子一團混亂，不曉得如何回答才好。但別擔心，混亂時想到的答案往往會帶來解決問題的提示。

④「該怎麼做？」（How?）

　　這個提問是要讓你思考達成具體目標的方法。光是胡思亂想，事情不會出現任何改變；但當你能夠回答這個問題，就有能力付諸行動，起而行，情況就會改變。如此一來，就會再度回到「發生了什麼事？」的問題，形成良性循環。

─────────

可參考《要問出好問題，你得先問問自己：4個核心提問，激發潛藏的內在渴望與能量》（楓書坊出版）。

10

我沒辦法去上學。
怎麼做才能夠
讓我願意去學校？

魔法提問

你想要怎麼做？

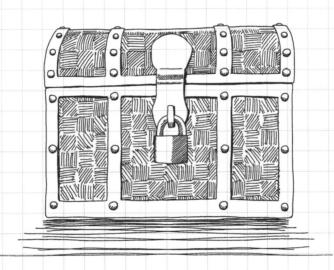

我覺得要不要去學校不是重點，你必須先問自己「你想要怎麼做？」。

　　或許你身邊很多人認為你必須去學校，如果是這樣，你當然會覺得自己非去學校不可。
　　因此我想知道的是，**你真的想去學校嗎**？

　　假如你打從心底就不想去學校，卻勉強自己去，你就必須排除自己不想去的念頭，對吧？
　　在此之前，你有沒有其他想法？
　　你真正想要的是什麼？問過自己之後，假如你發現自己其實想去學校，你可以想出很多方法說服自己。

　　然後問自己：「我為什麼想去學校？」確認想去的原因之後，再問自己：「我沒辦法去學校的原因是什麼？」思考自己為何跨不出那一步。

　　「什麼事情變成什麼樣的狀態，你才肯去學校？」

「多久一次，你願意去學校？」

「每天多少分鐘，你願意去學校？」

「誰是可能幫助你，讓你願意去學校的人？」

想像自己去學校的畫面，從各種角度問自己這些問題。

去了學校不等於能夠拿到滿分，不去學校也不等於就會零分，純粹只是「去了或沒去」而已。不妨從這個角度好好思考。

\ 思考提示 /

你真的想去學校嗎？

01 我沒什麼朋友。怎麼做才能交到朋友？

→你和你想交的朋友有哪些共同點？

02 自我介紹時，要說什麼比較好？

→假如要你提出三個「與自己有關」的關鍵字，你會說什麼？

03 分班之後，原本要好的朋友圈不理我了，我變成孤零零一個人。

→你想要多獨處一陣子？還是想要盡快加入新團體？

04 我很不會說話，跟朋友很難聊下去。

→你對朋友在做的哪些事情覺得好奇呢？

05 我跟朋友吵架，朋友因此在生我的氣。我該怎麼做才能恢復我們的友誼？

→吵架的「起因」是什麼？

06 我討厭朋友老是取笑我，怎麼做才能讓朋友停止這種行為？

→你想成為什麼樣的人？

07 有沒有什麼方法能夠拒絕朋友，又不會傷害彼此的友誼？

→你現在是什麼心情？你想要怎麼做？想要這麼做的原因是什麼？

08 我討厭朋友老是向我炫耀或抱怨。

→你是聽完就忘？還是會一直放在心上？

09 原本要好的朋友突然不跟我說話。我該怎麼做，他們才願意跟我說話？

→你現在的心情怎麼樣？

10 我沒辦法去上學。怎麼做才能夠讓我願意去學校？

→你想要怎麼做？

第 2 章

關於自己

11

我沒有自信，
請教我培養自信的方法！

魔法提問

你想對自己說什麼？
哪些事情是沒自信的你也能做到的？

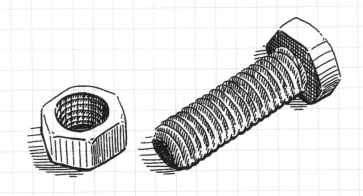

人們往往會覺得不安：「我沒有自信」、「我想要培養自信」。問題是，自信這種東西不是靠培養來的。

　　我擁有上百次在數千人面前演講的經驗，但每當我被問到：「你有自信在眾人面前發言嗎？」我的回答都是：「沒有。」每一次演講，我還是會很緊張，也還是會擔心犯錯。

　　可是，沒有自信是缺點嗎？也不是。正因為沒有自信，所以我會付出更多心力，隨時問自己：「怎麼做會更好？」

　　假如你自信滿滿，就會覺得「這樣就夠了！」，並且因此而滿足，無法獲得更進一步的成長，不是嗎？

　　那麼，問題就變成「我沒有自信，該怎麼做才好？」

　　我認為**沒有自信＝「不安」**。當你不安時，不妨試試兩個做法。

　　第一個做法是**說話安撫自己**。

　　不安是一種個人感受，而感受其實是由話語所構成。所以，這時請翻開「自我打氣祕密筆記本」吧，裡頭早已

寫滿幫你充電的名言佳句。當你擔心失敗時，盡量對自己說一些讓自己安心的話吧。

另一個是**把注意力轉向「我想做」、「我能做」的事情上**。

我每一次演講，總想著要讓參加的聽眾感到開心；這是我想做的事，和我是否有自信無關。因此，把注意力聚焦在這個目標上，滿腦子想著自己能做的事，然後去做自己能做的事，如此一來，你就沒時間去在意沒有自信這回事了。

＼ 思考提示 ／

自信這種東西真的有必要嗎？

12

我沒有長處，
如何找出自己的長處？

魔法提問

你有打從心底想支持的朋友嗎？
你能夠做些什麼來支持你的朋友？
你有沒有想挑戰的事？

我在二十幾歲時曾經擔任某家公司的社長，後來卻遭到開除（社長也是會被開除的）。我當下不曉得怎麼辦，覺得自己似乎一無是處，但我知道自己需要學習企業管理，於是去應徵其他社長的助理職務。

　　我嘗試過所有能做的事，其中最常做的就是協助舉辦演講活動，工作內容包括預約演講場地、規畫報名表單、宣傳活動、吸引群眾參與等等。

　　起初，要吸引大家來參與活動一點也不簡單，但辦過幾次之後，我慢慢學會了寫出吸引大眾目光的宣傳文案。

　　漸漸地，我變成上臺演講的那個人。現在，舉辦演講對群眾說話，或許可說是我的長處。

　　假如你問我，我這一路上是靠自己的努力走到現在嗎？我相信如果我只靠自己，八成中途就放棄了，不可能擁有現在的成就。

　　其實，我基於與社長的交情，才得到協助舉辦演講活動的機會。直到我從中獲得回饋之後，才覺得自己是個有用的人。

因此，你不需要刻意尋找你認為自己缺乏的長處，當你幫助或支持其他人的過程中，自然而然會看見自己的長處。

再來，長處有時會隱藏在你喜愛的事物，或想做的事情中。比方說，你讀小學時明明背不熟九九乘法表或漢字，卻很快就能記住電玩和動畫角色的名字。說不定你也有過這種經驗？因為喜歡，所以不知不覺就記住了。

把「喜歡」當成助力，盡情發揮自己的能力也很棒。

\ 思考提示 /

比起長處，何不試著找出自己喜愛的事物？

13

我很難肯定自我，
怎麼做才能夠喜歡上自己？

你的優點是什麼？

（答不出來也沒關係，
請至少花十秒鐘好好思考這個問題！）

你是否找不出自己的優點？你或許覺得自己在各方面都很差勁吧？

我希望你能明白，人們的心態往往只會注意到自己欠缺或不足的地方。這是因為很久很久以前，人類為了生存，必須努力察覺周遭的各種風險。這是人類在漫長歷史中培養出來的能力。

因此著眼在自己的不足很合理。這並不是因為你真的優點很少、缺點很多，純粹是我們人類就愛注意自己的缺點罷了。

如果你**想看到自己的優點，你需要換個角度**。最有效的方法就是提問。

請比較以下兩個問題：

「你的優點是什麼？」

「你的缺點是什麼？」

只要換個提問方式，就可以改變你觀看自己的角度，要試試看嗎？

問自己問題，就能夠改變自己的見解和思考方式。

每天試著問自己：「我的優點是什麼？」想不出答案也無妨。

\ 思考提示 /

你喜歡自己哪裡？

14

我一遭遇失敗或挫折
就會放棄，
我想增強恆心與毅力。

魔法提問

增強恆心與毅力之後，
你想做什麼？

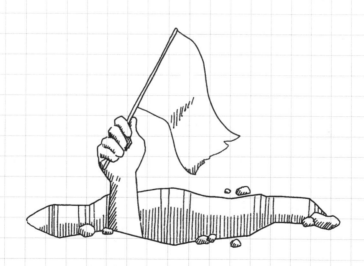

很快就放棄，表示你的腦子容易變通，這樣不好嗎？即使你曾經放棄，等你再次興起挑戰的念頭，到時再做不就好了？

　　我也有很多事情沒有堅持到底。

　　有句成語說「一曝十寒」，我有時候甚至一天就放棄了；可是過了一週之後，如果我又想繼續做，還是會再度挑戰。這時，我會延續前面的進度接著做，讓自己毫無壓力地持續做下去。

　　比起勉強自己堅持到底，何不等到真正想做的時候，隨時接著做下去呢？

　　這不叫放棄，只是暫停，也就是稍微休息一下。我們也可以在休息時進行其他挑戰。

　　你想要的不是堅強的恆心與毅力，而是達成目標，對吧？

　　既然這樣，我相信很多條路都能夠抵達目的地。

＼ 思考提示 ／

你真的需要堅強的恆心與毅力嗎？

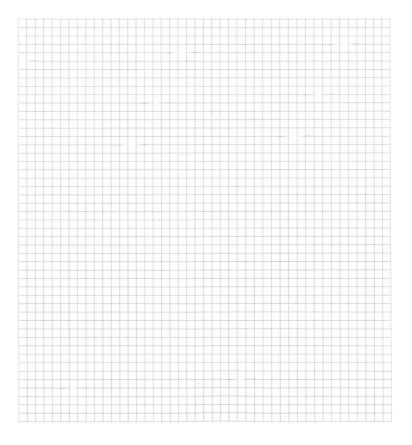

15

我動不動就
覺得焦慮煩躁。
我該怎麼做，
才能夠避免這種
無止盡的不安？

魔法提問

當你再次感到焦慮煩躁時,你會怎麼做?

當你感到焦慮煩躁時，試著做三次深呼吸，接著把煩躁的情緒寫在紙上，然後揉成一團或撕碎後丟掉。

總之，別讓焦慮煩躁在內心逐漸累積，必須想辦法將它排出體外。

控制情緒一點也不簡單。強行壓抑焦慮煩躁的情緒，剛開始一、兩次或許有用，但時間久了還是會爆發出來。

為了避免這種情況發生，我希望你每次感到焦慮煩躁時，都要將這種情緒排出體外。

喜怒哀樂是人類的基本情緒，會覺得焦慮煩躁是很自然的。重要的是如何處理內心所產生的情緒，而不只是一味壓抑情緒。

有些人一覺得焦慮煩躁，就會忍不住對身旁的人惡言相向。一旦發生這種情況，還是要盡快向對方道歉，可是，說出口的話往往已經收不回來。

大人的關係也是這樣。沒有人能夠把已經發生的事當成沒發生過。

　　問題就在於，當你說出不該說的話之後，能否鼓起勇氣道歉。這也是長大出社會之後必須具備的技能。

\ 思考提示 /

> 覺得焦慮煩躁也沒關係。重點是，情緒過後你會怎麼做？

16

我凡事都往壞處想，
怎麼做才能夠
變得積極正向？

魔法提問

你認為怎麼做，事情才會順利進展？

思考的方式有兩種。

一種是用**「為什麼？」**（Why?）去思考。

另一種是用**「怎麼做？」**（How?）去思考。

人們經常從「為什麼？」的方向去思考，可是這麼一來，接下來想到的就是「為什麼沒成功？」「為什麼失敗了？」等負面質疑。

遇到這種情況時，請試著把「為什麼？」換成「怎麼做？」吧。

「怎麼做才能成功？」、「怎麼做才會更順利？」

當你改變提問的方向，自然能迎來積極正面的問題。

採用這種思考方式，不只是為了呼籲大家「積極正向」；而是當你把問自己的問題從「為什麼？」變成「怎麼做？」時，就足以改變思考的方向。

我想再補充一點，世界上有以下兩種類型的人：

・**懂得追求可能性的人**

・**懂得察覺失敗和缺失的人**

老是往負面方向思考的人，懂得察覺缺失，無論是工作或團隊共事時，都十分需要這種類型的人，他們能夠替公司避開可能的風險和障礙。

因此，有能力察覺失敗和缺失，並提供見解，也是一種長處。

\ 思考提示 /

隨時隨地思考「我要怎麼做？」。

17

我很不會表達自己的想法。

魔法提問

你想要告訴別人什麼？

說出自己的意見很難吧？

既然這樣，**先試著寫下來如何？**

◆**你想告訴對方什麼？**

◆**你想說什麼？**

◆**你在想什麼？**

◆**你有什麼感受？**

條列式寫下你對於這些問題的答案，也可以順便整理
出自己的想法。按照條列順序唸出答案，也更容易讓對方
理解。

「**我是這樣感覺的。**」

「**我是這樣想的。**」

「**我認為這很重要。**」

像這樣說出自己的感受和想法，十分重要。

我為了達到目的，也會刻意提問，在自問自答的過程

中，幫助自己思考。

　　我希望你也能夠聆聽自己的聲音，而不光是遵從別人
或社會大眾的想法。

＼ 思考提示 ／

你有什麼想法？

18

我討厭自己是個矮冬瓜！
真羨慕長得高的人。

魔法提問

你覺得討厭的理由是什麼？

那你想要變成什麼樣子？

維持現在的自己有什麼好處？

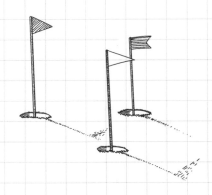

你為什麼認為個子高比較好？

假如你長高了，會變成怎樣？

那樣的你，真的是你想成為的自己嗎？

假設真是如此，有沒有長高以外的方法，能夠實現你的願望？

有個朋友經常對我說，希望自己能夠長得更高。

朋友希望自己因此受到異性青睞。但問題是，長高了也不能保證你就能成為萬人迷。

假設你的目的是受歡迎，我想應該還有其他方法，比方說，成為幽默的人。

或許你只是想要擁有自己沒有的東西。

可是，**那真的是你需要的嗎？**

過度執著在自己沒有的事物上拚命追求，最後痛苦的還是你自己。

學習專注在自己真正渴望的事物上吧。

\ 思考提示 /

你真正渴望的是什麼？

19

我滿腦子都是色色的事，
無法專心做其他事。
這樣的我是不是
一輩子沒出息？

魔法提問

你認為自己無法專心的原因是什麼？

你靠什麼來排解精力？

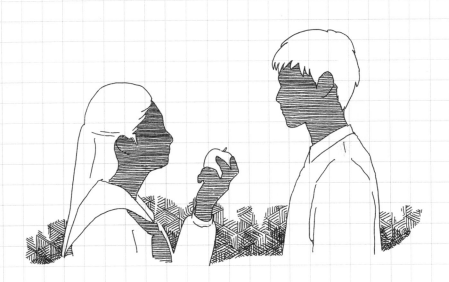

假如滿腦子都是色色的事就一輩子沒出息，這世上大概九九％的人都是魯蛇。

　　我希望你先知道，性欲是人類的本能，也是基本需求之一，就跟「想吃」、「想睡」的欲望是一樣的。

　　只不過，滿腦子只有色色的事，導致你無法專心在其他事上，想必也會影響你平常的生活和課業吧。要是嚴重到這種程度，你就需要採取對策。

　　這時，把旺盛的精力發洩在其他事物上，也是一個不錯的辦法。

　　最理想的方式是運動。跑步或肌力訓練都可以，選擇自己感興趣的項目活動身體。

　　除此之外，貫徹均衡飲食、從事繪畫或音樂等藝術類活動，也有助於發洩精力。此外，保持充足的睡眠也能有所改善。

　　但我不是要你一下做那麼多事，只挑其中一種來做就好了。請試著去了解各種有助於自己發洩精力的方法吧。

＼ 思考提示 ／

你都把精力用在哪裡？

第2章　關於自己

93

20

我不知不覺就撒謊了。

魔法提問

你真正想告訴對方什麼？

你希望對方怎麼看待你這個人？

請回想一下，你在什麼時候會撒謊？

是不是在你想要別人更注意你的時候？或是不希望別人誤會你的時候？或是想要保護自己的時候？

那不是真正的你，對吧？
與人交往互動時，一旦忽視自己內心的真實感受，久而久之就無法做真正的自己。

每個人都會撒謊，問題在於：

◆撒謊之後，你有什麼感受？
◆你真正想要的是什麼感受？

好好思考這些問題，就能慢慢減少撒謊的次數。

\ 思考提示 /

你撒這個謊的目的是什麼？

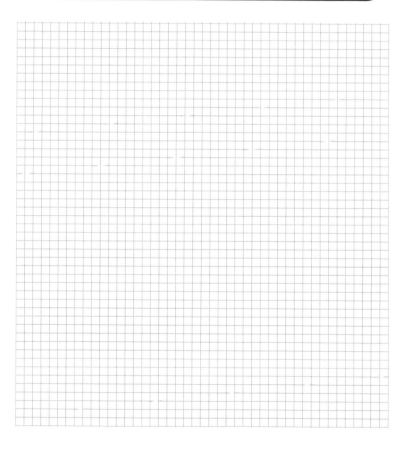

21

我的生活中
從來沒發生過好事，
有時覺得自己好無力。

魔法提問

如果你的願望都能實現，你想做什麼？

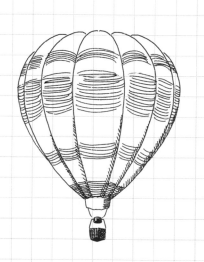

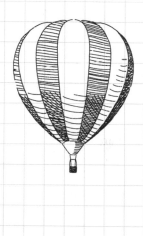

因為生活中沒發生半件好事而感到痛苦的你，應該要好好問自己這個問題。

　　原因在於，假如你是國中生，你所知道的一切頂多只占整個世界的一％。那些美好的事物，就在你還不認識、這個世界上未知的九九％當中，值得你把它們找出來。

　　假如「你的願望都能實現」，你想做什麼？
　　就算現在沒有好事發生，在你還不知道的未來世界中或許存在值得你期待的事物。這麼一想，應該就有了振作起來的力量吧！

　　順帶一提，我曾經問一位高中生：「假如你的願望都能實現，你想做什麼？」
　　他回答：「我想成為惡魔。」
　　我說：「成為惡魔之後，你想做什麼？」
　　高中生說：「想把世界變成我想要的模樣。」
　　我說：「你想要的世界是什麼模樣？」
　　高中生說：「人人平等的世界。」

我說：「你覺得要怎麼做，才會變成人人平等的世界？」

我最後的問題，成了他的魔法提問！

他因此開始思考：「怎麼做才能夠建立人人平等的世界？」

\ 思考提示 /

假如你能夠為所欲為，會變得怎樣？

11 我沒有自信。請教我培養自信的方法！

　→你想對自己說什麼？
　→哪些事情是沒自信的你也能做到的？

12 我沒有長處。如何找出自己的長處？

　→你有打從心底想支持的朋友嗎？
　→你能夠做些什麼來支持你的朋友？
　→你有沒有想挑戰的事？

13 我很難肯定自我。怎麼做才能夠喜歡上自己？

　→你的優點是什麼？

14 我一遭遇失敗或挫折就會放棄。我想增強恆心與毅力。

　→增強恆心與毅力之後，你想做什麼？

15 我動不動就覺得焦慮煩躁。我該怎麼做，才能夠避免這種無止盡的不安？

　→當你再次感到焦慮煩躁時，你會怎麼做？

16 我凡事都往壞處想。怎麼做才能夠變得積極正向？

　→你認為怎麼做，事情才會順利進展？

17 我很不會表達自己的想法。

→你想要告訴別人什麼？

18 我討厭自己是個矮冬瓜！真羨慕長得高的人。

→你覺得討厭的理由是什麼？
→那你想要變成什麼樣子？
→維持現在的自己有什麼好處？

19 我滿腦子都是色色的事，無法專心做其他事。這樣的我是不是一輩子沒出息？

→你認為自己無法專心的原因是什麼？
→你靠什麼來排解精力？

20 我不知不覺就撒謊了。

→你真正想告訴對方什麼？
→你希望對方怎麼看待你這個人？

21 我的生活中從來沒發生過好事，有時覺得自己好無力。

→如果你的願望都能實現，你想做什麼？

第 3 章

關於未來

22

我找不到自己
以後想做的事。

想要與朋友好好相處，你能夠做些什麼？

你有想要支持的人嗎？

為了支持對方，你可以怎麼做？

找不到自己以後想做的事，也沒什麼不好。

重要的不是找到自己想做的事，而是思考「我想做什麼事？」。

不要急，既然還沒有找到想做的事，就**趁現在先做兩件事**。

第一件事是**交朋友**。

因為當你找到了自己真正想做的事情，朋友或許會在你身邊支持你。身邊有著無條件支持自己的人，夢想更容易實現。

第二件事是**支持朝夢想邁進的朋友**。

追逐夢想的人多半會積極採取各種行動，並且有機會與許多人往來。

待在這樣的朋友身邊，你就有更多機會接觸或體驗到新的事物及未知的領域；和他們相處，你也更容易找到自己想做的事。

例如：

◆你的朋友在運動領域很努力，你可以去比賽現場替他加油。

◆你的朋友想當配音員，你可以陪他一起搜尋成為配音員的方法。

◆對方不是你的朋友，而是社群上想要成為漫畫家、每天上傳作品的人。如果你喜歡他的畫作，就去追蹤對方。

不如先從這些事做起，好嗎？

\ 思考提示 /

你真的想要現在就找到自己以後想做的事情嗎？

23

我長大之後
想進入時尚業，
但我也想當營養師，
難以抉擇。

你打算先從哪一個開始？

111

當你察覺到自己有很多想做的事，你或許會開始擔心：「我真正想做的到底是什麼？」、「我不想每件事都半途而廢」。

　　但我必須說，你想太多了。

　　世上的人大致可區分為「專才」和「通才」兩種類型。

　　專才是在某一領域十分專精的專家。通才則是在多種領域都具有廣泛知識和經驗的人。

　　這兩類人，都是這個世界所需要的。

　　因此，無論是「專才」還是「通才」，你不妨都去挑戰看看。試過之後，或許就能明白自己適不適合，最後再決定朝其中一種發展。

　　或者，你也可以結合這兩種工作。

　　例如你可以當顧問，同時教人做菜也教人穿搭。

　　世界上很多人都在教人做菜，也有很多人在教人穿

搭，可是同時擅長兩件事並且有資格開班授課的人，想必並不多見。

　　換句話說，結合兩種以上你擅長的領域，也會變成一種原創。

\ 思考提示 /

你有多少想做的事？

24

我的夢想是當小說家，
但我怕一說出口，
就會被親朋好友嘲笑。

在實現夢想的道路上，
獨自一人也能做到的事是什麼？

你覺得沒有自信，擔心親朋好友會說「你在說什麼傻話」、「你怎麼可能成功」這種話來嘲笑你、否定你。

我了解你難以對別人坦承夢想的心情。

不過，你也可以先將夢想保密，先行動再說。

我念小學時，有一段時期想要成為漫畫家，但我不想聽到別人說「你沒有天分」，所以總是一個人偷偷練習。

遺憾的是，後來我不小心讓朋友看見了我的畫，他當面批評我畫得很差，我也因此失去幹勁，放棄了當漫畫家的夢想。

當自己的夢想和目標遭到嘲笑或否定時，往往會覺得「我果然沒有天分」，也會自我質疑「夢想恐怕無法成真」。所以，為了維持實現夢想的動力，我認為先將夢想保密也是個好方法。

肯定有很多事情是獨自一人也能完成的。

想要成為小說家，可以去研究喜歡作家的作品，或嘗

試動筆寫小說。在你擁有自信、想要告訴別人之前，兢兢業業持續行動，我認為也沒什麼不好。

等到你公開了自己的夢想，身邊自然會出現許多替你加油的人，或願意助你一臂之力的人。等你覺得自己準備好了，再告訴別人就好。

\ 思考提示 /

不如把夢想當成自己專屬的祕密，你覺得怎麼樣？

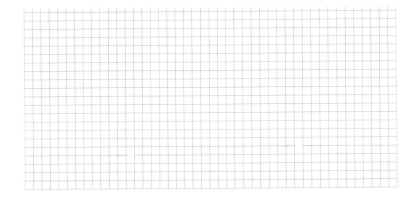

25

我想做自己想做的事，
卻老是覺得「可能會失敗」、
「我辦不到」。

你是在開始之前就放棄？

還是開始之後才放棄？

哪一種會讓你內心覺得不痛快？

所有人都討厭失敗，但有時趁早多體驗失敗，其實對人生更好。

　　你要聽聽我的失敗經驗嗎？

　　我在前面說過自己放棄了當漫畫家的夢想，對吧？等到上了國中，我開始想要成為「偶像」。當時傑尼斯[1]旗下的人氣偶像團體，每個人都穿溜冰鞋唱歌、後空翻，我看了心裡十分嚮往。

　　儘管我的運動神經很差，但我仍然不放棄，買了溜冰鞋，再度獨自一人躲起來練習。

　　沒想到我在一次練習中意外骨折，被救護車送進醫院動手術，住院整整一個月。這件事發生在我國中三年級的夏天。

　　其實，我早就知道自己只是在逞強，但也多虧那場骨折事故，讓我不再留戀於偶像之路，轉念想成為電玩遊戲設計師（雖然後來也沒有成為遊戲設計師）。

　　但是，假如我沒有嘗試去做，一開始就放棄，情況會變得如何？或許我會一直惦記著當偶像的夢想，甚至下半

輩子的人生都為此感到遺憾。

　　在此要補充一點，當你還沒有展開行動、追逐夢想之前，就認為自己「辦不到」，可能是因為你判斷自己「沒有才能」。問題是，**才能往往是在逐夢的過程中所磨練出來的**；換句話說，你在追逐夢想時可以學習到很多事。

　　話說回來，各領域中的職業級高手也不是一出生就這麼厲害（極少數的天才則另當別論）。

　　我想一開始你肯定會經歷許多失敗，甚至頻頻卡關。

　　但只要你堅持下去，就可以跨越無數難關。

＼ 思考提示 ／

　試過之後再放棄，也是一種做法吧？

---

1. 現改名 SMILE-UP.。

26

我覺得自己沒有才能，
所以放棄成為
足球選手的夢想。
可是，我找不到別的夢想。

別人經常拜託你幫什麼忙？

除了當選手之外，還有哪些工作與足球有關？

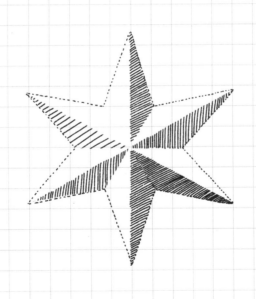

我認為每個人必定具有某項才能，只是要找出「是什麼才能」並不容易。

　　舉例來說，加入足球社，你會遇到一群比你踢得更好的人；並不是你不夠強，只是其他人比你更厲害而已。

　　那麼，你的才能是什麼呢？

　　才能這種東西，我們很難靠自己發現，有時才能就沉睡在你並不覺得自己擅長，但親朋好友經常拜託你去做的事情之中；很多人是因為做了那些別人拜託的事，久而久之變得拿手，漸漸成為該領域的高手。

　　我後來上了高中，想要成為電玩遊戲創作者，立志當遊戲程式設計師。問題是我的數理很爛，早早就放棄了這兩科，所以也只能放棄成為電玩遊戲創作者的夢想。

　　幾年後我才知道，創作電玩遊戲的不是只有程式設計師！還有撰寫電玩遊戲腳本的編劇、設計角色的設計師，這些職業也在電玩遊戲的創作上占有一席之地。

　　直到那時，我才發現自己真正想做的不是程式設計

師，而是遊戲腳本的編劇！

你或許會想，居然連這種事都不知道？但我想**有些人肯定也跟我一樣，是在知識不足、了解不夠的情況下選擇放棄**。

以你的例子來說，你或許沒有機會成為職業足球選手，但你可以嘗試許多與足球有關的工作。

\ 思考提示 /

「我的才能」究竟是什麼呢？

27

我想當電玩遊戲實況主，
但我怕賺不到錢。

世界上有哪些工作？
靠這份工作賺錢的人，
他們都怎麼說？

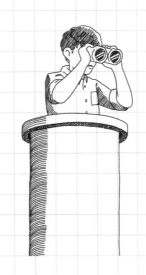

第3章　關於未來

你之所以感到不安，就是因為你「不了解」。

既然如此，若想消除不安，方法就很簡單了。

沒錯，既然你不了解，去調查清楚不就好了。現代人只要上網就能搜尋各種資訊（網上也有不少假消息，請務必小心）。

比方說，實際上靠當電玩實況主維生的人，能夠賺到多少錢呢？那些人是否還有其他工作？當了電玩實況主有哪些好處？但應該也有辛苦的時候？

當你澈底調查一番後，你或許會發現意想不到的真相……或許吧。

我希望你先記住一點——不管你調查得多深入，也不可能澈底了解這份工作。**別人做這一行很順利，不代表你就會成功；相反地，別人不成功，也不代表你一定會失敗。**

關鍵在於，你對於「怎麼做才會成功？什麼情況算是成功？」有多少認知，將會帶來不同的結果。

何不先從「調查這個職業」開始？

第3章

關於未來

129

28

我對未來有個夢想，
但是不是選擇公務員
這種穩定的工作比較好？

魔法提問

你「真正想走的」是哪一條路？

第3章　關於未來

131

我不知道什麼才是「正確答案」，但我希望你重視自己「想做某件事」的感受。

　　原因在於，**人如果不是去做自己「真正想做」的事，就很難產生動力**。況且，做事有動力的人，自然比較容易獲得身邊人們的支持；得到支持，就更想要全力以赴。

　　當你對於自己的目標沒有「真正想做」的感覺，就得付出更多心力才能達成。這樣實在太累了。至少對我來說很困難。

　　所以當我陷入迷惘時，我一定會問自己：

　　「這是我想做的事嗎？或者我只是選了好處比較多的事來做？」

　　當你的答案是「我其實並不想做這件事，只是做這件事有更多好處」時，你就要小心了。

　　說不定那反而是一條讓你難以回頭的痛苦之路。

\ 思考提示 /

那是你真正想走的路嗎?

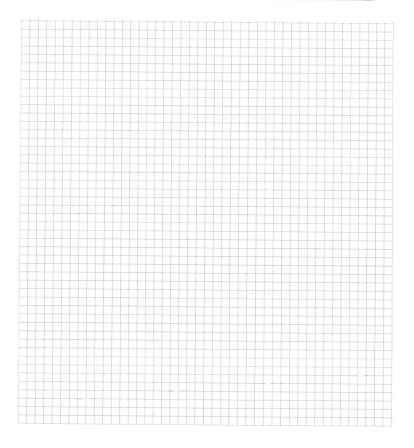

第3章 關於未來

133

29

聽說未來 AI
會搶走人類的工作，
我們需要具備
哪些能力和技術
才不會被淘汰？

你希望和什麼樣的人一起工作？

你認為工作上需要的是什麼樣的人？

第3章　關於未來

我在前面說過，不知道答案的時候，最重要的就是採取行動。可是未來的事又有誰知道呢？

　　我不知道未來會變得如何，既然如此，我們不如這樣思考——

　　假設你是舉辦校慶活動的成員之一，以下這兩位同學，你想要跟誰一起工作？

　　Ａ同學：能力普通，但為人親切體貼。
　　Ｂ同學：能力超強，但心眼壞又暴躁。

　　即使出了社會，我們也經常面臨這種情況。工作分組時，**比起工作的能力和技術，「那個人是什麼樣的人？」其實才是更重要的判斷基準**。因此，如果別人對你並沒有「我想要和這個人一起工作」的想法，你就會失去工作機會。

　　我當然不是說能力或技術不重要，但不管 AI 多進

步，實際執行工作的還是人，所以我想最後的關鍵仍然取決於「人性」。

\ 思考提示 /

比能力和技術更重要的是什麼？

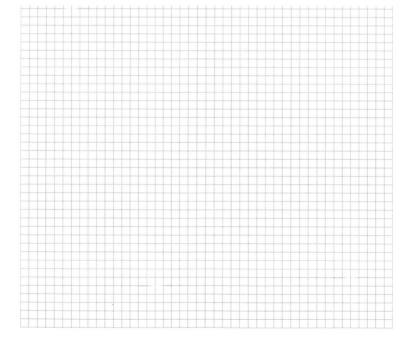

30

我無法想像自己的未來，
那麼，我應該如何
決定升學志願？

進入哪一所學校，會讓你覺得快樂？

第3章　關於未來

你可以根據任何動機，決定你的升學志願。

　　例如「很多朋友都去念那所學校」、「學長姊似乎很有趣」、「校風感覺很歡樂」，各式各樣的理由都可以。

　　我也在前面提過，沒有人知道未來會是什麼模樣；換句話說，想像未來很困難。所以老是擔心「我的未來會是什麼樣子」一點意義也沒有。

　　我希望你更重視的是：自己此刻有什麼感覺。想到自己將有一番作為，覺得雀躍期待嗎？去自己覺得開心的地方，或許更容易找到自己想做的事情吧？

　　假如你已經有了明確的夢想，好比說「我想成為設計師」、「我想當律師」，就盡可能選擇能夠實現這些夢想的道路。

　　但我相信在你們這個年紀，應該大多數人都還沒有明確的夢想。若是如此，你不妨先從日常生活中接觸到的事物開始探索，然後實際去學校參觀，或是打聽「就讀那所學校的是什麼樣的人？」。

我念的是藝術大學。但這並不是因為我想成為藝術家，而是因為那所大學「感覺很歡樂」。

　　我在那所學校遇見許多教授和學生，驚奇地發現「原來有這種人！」、「原來有這種工作！」、「原來有這樣的世界存在！」，因此學到許多過去不知道的事物，進而發現許多截然不同的行業，最終引領我走向「提問專家」的專業領域。

　　即使一開始沒有明確的目標，只要選擇讓自己快樂的那條路，你一定能走到終點。

\ 思考提示 /

別管未來了，現在的你有什麼感覺？

31

新冠疫情、天災、
戰爭等事件頻傳，
我對於未來感到莫名不安。

你重視的是什麼？

你需要什麼才會感到安心、

才會覺得自己是幸福的？

就像你說的，世界各地發生許許多多令人憂心的事。我完全能夠理解你對於未來的不安。

可是，越是面臨這種情況，你就越要專注在自己身上。並且去思考那些能夠讓自己感到安心、幸福的事物。

好比我跟親人或朋友在一起時，會感到很安心。所以我會好好珍惜他們，他們是我生活的重心之一。

你在什麼時候會感到安心和幸福？
假如你的答案是與家人在一起的時候，日後選擇升學志願時，可以從家裡通車抵達的學校，或許是你重要的選校因素。
假如你的答案是挑戰新事物的時候，待在能不斷挑戰的環境才能讓你安心，你不妨選擇有機會出國留學或進修的學校。

第一步，先了解自己重視什麼，然後專注在那個事物

上，讓自己的內心保持在安定平穩的狀態。

\ 思考提示 /

在思考全世界或整個人類社會的幸福之前，
你如何讓自己幸福？

22 我找不到自己以後想做的事。

→想要與朋友好好相處，你能夠做些什麼？

→你有想要支持的人嗎？

→為了支持對方，你可以怎麼做？

23 我長大之後想進入時尚業，但我也想當營養師，難以抉擇。

→你打算先從哪一個開始？

24 我的夢想是當小說家，但我怕一說出口，就會被親朋好友嘲笑。

→在實現夢想的道路上，獨自一人也能做到的事是什麼？

25 我想做自己想做的事，卻老是覺得「可能會失敗」、「我辦不到」。

→你是在開始之前就放棄，還是開始之後才放棄？

→哪一種會讓你內心覺得不痛快？

26 我覺得自己沒有才能，所以放棄成為足球選手的夢想。可是，我找不到別的夢想。

→別人經常拜託你幫什麼忙？

→除了選手之外，還有哪些工作與足球有關？

27 我想當電玩遊戲實況主，但我怕賺不到錢。

→世界上有哪些工作？

→靠這份工作賺錢的人，他們都怎麼說？

28 我對未來有個夢想，但是不是選擇公務員這種穩定的工作比較好？

→你「真正想走的」是哪一條路？

29 聽說未來 AI 會搶走人類的工作，我們需要具備哪些能力和技術才不會被淘汰？

→你希望和什麼樣的人一起工作？

→你認為工作上需要的是什麼樣的人？

30 我無法想像自己的未來，那麼，我應該如何決定升學志願？

→進入哪一所學校，會讓你覺得快樂？

31 新冠疫情、天災、戰爭等事件頻傳，我對於未來感到莫名不安。

→你重視的是什麼？

→你需要什麼才會感到安心、才會覺得自己是幸福的？

第 4 章

關於學業

32

我是網球社的社員，
因為低潮期而輸掉比賽。
我想知道如何擺脫低潮期！

優秀的人都會怎麼做？

第4章　關於學業

151

當人們處於低潮期的時候，做什麼都不順遂；明明已經夠努力了，結果卻還是不理想，幾乎呈現原地踏步的狀態。

這時，你需要的是改變。例如改變練習的方式、改變檢討的方式，或是乾脆讓自己好好休息。

我認為換個角度問自己問題很有效。

◆不順遂的時候，你可以做什麼來改善？

◆練習結束時，你希望達到什麼樣的成果？

◆今天發生了哪些好事？

◆你覺得「早知道的話，我應該可以做得更好」的部分是什麼？

◆誰自始至終都表現得很優異？

◆那個人做了什麼練習？

◆為了精進技術，你應該做哪些調查？

別只一味地重複過去習慣的方法和練習，不妨試著站在與平常不同的角度，看看自己有哪裡不足。

也可以深入調查表現優異選手的練習狀況。在
YouTube 上也能夠蒐集到許多資訊。

何不先讓自己喘口氣呢？

33

社團學長姊的態度很跩，
所以我討厭社團活動。

為什麼很跩的態度會惹人厭？

社團學長姊的態度很跩，真的很惹人厭吧！

但其實與態度很跩的人互動起來，反而比較輕鬆。因為要討好這種人很簡單，而且這種人反而容易跟我們站在一起。

再來，與較年長的人往來也有較多益處；你或許可以向他們請教自己不知道的事，並且因此獲得他們的幫助。

要不然，也可以**與他們維持「表面的往來」，內心把他們當成負面教材，如何？**

把他們對自己做過的討厭的事都記下來，提醒自己不要做那些事。你雖然無法改變學長姊的行為，但你可以要求自己不要和他們一樣。

與人往來的方式，也會根據相遇的場合而大不相同；同一位學長姊，假如你是在線上遊戲遇到，而不是社團活動，或許就能建立截然不同的關係。

人與人的連結不限於單一場合，接下來彼此的關係還會出現變化也說不定呢。

你想要的是什麼樣的關係？

34

為什麼非去學校不可？
學校教的東西有意義嗎？

你認為學什麼才有意義？

你想挑戰什麼樣的科目？

假如沒有想學習的科目，

你有其他想挑戰的目標嗎？

第4章　關於學業

過去的我想要創作電玩遊戲，所以學了程式設計。假如你未來想出國旅行，學習英文很有幫助；假如你未來想開發太空火箭，要學好數學才行；假如你未來想從事設計相關工作，你認為需要學什麼呢？

　　依此類推，只要**想像未來的可能性，你就能夠找到上學的意義**。

　　那麼，當你還不清楚自己未來想做什麼的時候，你該怎麼思考呢？

　　有一派人認為，等你有了想做的目標，自然就會想去學習相關知識，所以到時候再學就好。

　　也有人認為，不管學什麼，總之先學了再說，才能夠增加未來就業的選項。

　　舉例來說，醫生、律師、公務員這些職業必須通過證照考試，學歷資格符合才有機會站上起跑線。（當然也有許多職業不需要資格考試，所以學歷不代表一切。）

最重要的其實不是學什麼，更貼切地說是「學習如何學習」。變成大人之後也需要學習，但如果你沒有養成良好的學習方法，或許就會陷入「我該怎麼學習？」的困境。

\ 思考提示 /

學會之後，會發生什麼好事？

35

我跟不上學校的課業，
覺得很沮喪。

什麼事會讓你覺得開心？

你還有什麼想嘗試的事嗎？

第4章　關於學業

我高三時也是這樣！課業完全跟不上，我覺得很絕望，直到現在仍然會夢到那個時候苦悶的自己。

你呢？假如你也跟當時的我一樣絕望，我認為現在最重要的是：試著擺脫那種不愉快的情緒。這也是我最想告訴你的事。

你可以**把目光轉向課業以外的事物**。

你熱愛什麼？社團活動也好、嗜好興趣也好。先專注在你樂在其中的事物上！

等你的心情稍微好轉，再問問自己以下的魔法提問：

◆我想要跟上課業嗎？

◆怎樣的狀況才是「跟上課業」？

◆我跟不上課業的原因是什麼？

◆怎麼做才能夠彌補這一點？

◆誰可以幫助我？

假如你想要跟上課業，就採取行動吧。

當時的我還沒有養成自問自答的能力，所以根本想不到這些辦法。

\ 思考提示 /

除了念書之外，什麼事會讓你感到快樂？

36

我也想好好用功讀書，
卻始終提不起勁。
怎麼做才能產生幹勁？

你為什麼想要用功讀書？

你認為怎麼做才能產生幹勁？

第4章 關於學業

「用功讀書」這項行動假如存在動機，就能夠進行得更順利。

　　少了動機就很難驅動，有了動機才有行動。

　　這是不變的原則！

　　以下為大家舉例：

　　「想要吃飽（動機）→吃東西（行動）」

　　「想要贏得比賽（動機）→練習（行動）」

　　因此，你必須先找到用功讀書的動機，那就是幹勁的源頭。

　　促使你產生幹勁的根源是什麼？

　　幹勁也可以區分為「影響未來的幹勁」和「短視近利的幹勁」兩種。

　　好的幹勁就像「我用功是因為我想當律師」，或是與「我未來能得到的好處」有關的幹勁。

　　壞的幹勁就像「我用功是因為爸媽會買電玩遊戲給我」這種短視近利的幹勁。

一般來說，「影響未來的幹勁」固然很好，但並不是所有人都有辦法立刻找到。因此**利用「短視近利的幹勁」加速行動，在初期也不失為一種好辦法。**

我還記得爸媽說要買電玩遊戲主機給我之後，我就非常努力準備考試。

\ 思考提示 /

讓你「產生幹勁的源頭」是什麼？

37

我有想讀的高中，
但我怕自己考不上。

你為什麼想讀那所高中？

你想在那所高中做什麼？

怎麼做可以減輕你的不安？

第4章 關於學業

心裡覺得不安很正常。

不需要否定自己的感受，只要製造出足以超越不安的正向積極情緒就好。

人們一旦感到不安，往往會產生消極的負面思考；而當我們處在消極負面的心態，就難以發揮實力。因此，我希望你透過魔法提問，盡可能想像正向積極的場景。

此外，**自主行動對於消除不安也很重要。**

舉個例子。你為什麼「擔心考不上」呢？可能是因為你「準備考試的時間不夠久」、「有不擅長的科目」等等。

你可以多做幾遍志願學校的考古題。我在前面也說過，不安的原因是源自於「不了解」。所以，多做考古題，「了解」常考的題型，或許就能稍微減輕內心的焦慮不安。

刻意讓正向積極的想像超越內心的不安，接著思考你能採取哪些行動來消除不安。請試試看這些方法吧。

你把重心放在什麼樣的未來？

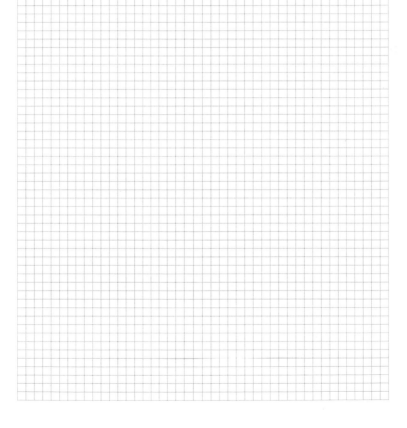

32 我是網球社的社員，因為低潮期而輸掉比賽。我想知道如何擺脫低潮期！

→優秀的人都會怎麼做？

33 社團學長姊的態度很跩，所以我討厭社團活動。

→為什麼很跩的態度會惹人厭？

34 為什麼非去學校不可？學校教的東西有意義嗎？

→你認為學什麼才有意義呢？

→你想挑戰什麼樣的科目？

→假如沒有想學習的科目，你有其他想要挑戰的目標嗎？

35 我跟不上學校的課業，覺得很沮喪。

→什麼事會讓你覺得開心？

→你還有什麼想嘗試的事嗎？

36 我也想好好用功讀書，卻始終提不起勁。怎麼做才能產生幹勁？

→你為什麼想要用功讀書？

→你認為怎麼做才能產生幹勁？

37 我有想讀的高中，但我怕自己考不上。

→你為什麼想讀那所高中？

→你想在那所高中做什麼？

→怎麼做可以減輕你的不安？

第 5 章

關於戀愛

38

我現在沒有喜歡的人，

一定要有嗎？

你覺得自己比較可能會
喜歡上什麼樣的人？

「他們兩個好像在交往。」

「你有喜歡的人嗎？跟我說！」

朋友之間經常出現這樣的對話。你或許會因此羨慕別人都有喜歡的對象。

可是，**喜歡的人不是刻意製造的，而是自然出現的。**順其自然不也很好嗎？

大致來說，所謂「喜歡」也區分成好幾種形式。

就像 LGBTQ[2] 這個詞彙所代表的，世界上有男性喜歡男性、女性喜歡女性的同性戀者，也有對任何性別都不感「性」趣的「無性戀者」。

因此，現在沒有喜歡的人完全不是壞事，沒有必要感到焦急，或刻意勉強自己。

有喜歡的人，對你來說有什麼意義？

第 5 章

關於戀愛

---

2. LGBTQ 是女同性戀者（Lesbian）、男同性戀者（Gay）、雙性戀者（Bisexual）與跨性別者（Transgender）、酷兒（Queer）和對其性別認同感到疑惑的人（Questioning）的英文字首縮寫。

39

我只喜歡藝人
或動漫裡的角色，
這樣很奇怪嗎？

那個藝人或動漫角色的什麼特質吸引你？

第5章　關於戀愛

我一點也不覺得奇怪。

只要是喜歡的對象，不管那是身邊的人、電視上的人、動漫裡的人物，都沒有太大的差別不是嗎？

不管喜歡誰，我覺得對人產生好感就是好事。

你反而更應該深入思考，自己為什麼會受到那個人或角色所吸引呢？我想你也並非只要是藝人或動畫角色就照單全收吧。

你喜歡那個角色的什麼特質？我相信那一定就是你會被吸引、感受到魅力的源頭。

了解這一點，你可能會找到更多擁有相同魅力的對象或事物，也更容易遇見自己喜歡的對象或角色人物。

你為什麼喜歡那個人？

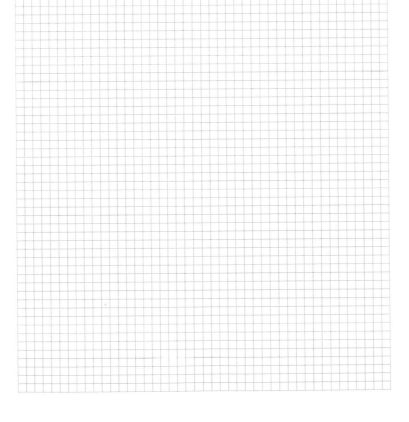

第5章

關於戀愛

40

我想變得受歡迎！

在你眼中帥氣或可愛的人，
都是什麼樣的人？
怎麼做才能讓自己更接近那樣的人？

第5章　關於戀愛

你還真是直接啊！不過，能夠像這樣坦然面對自己的感受，並提出問題，我認為值得讚賞。

　　雖然我對於受歡迎的技巧說不上很有把握，但或許能夠提供你一些值得參考的建議。

　　我的建議不僅能讓你受到異性青睞，在學業、運動、未來的職場或任何場合上，都能夠派上用場。希望你好好記住。

　　我的建議就是「模仿」。這一點非常重要。

　　一般人以為越認真嚴肅的人往往越「不擅長模仿」。你錯了，事實上**人生順遂的人都很擅長模仿**。

　　想要受歡迎，最簡單的方法就是模仿身邊的人氣王，仔細觀察對方怎麼打扮、怎麼說話、怎麼行動。

　　可能的話，我建議你多觀察幾位人氣王，這麼一來，儘管類型不同，你還是能找出「自己與他們的共同點」。此外，你也可以與那些受歡迎的人交朋友，直接問問本人受歡迎的祕訣，或許他們願意跟你分享。

受歡迎的人都做了哪些事？

第5章

關於戀愛

41

我有暗戀的人，
該怎麼主動找對方說話？

那個人喜歡什麼？

你們有共同的嗜好或共同朋友嗎？

你想問他哪些問題？

第 5 章　關於戀愛

能夠找到與對方的共同點，或共同關心的事物，就容易與對方成為朋友。

同樣的道理，想要主動找暗戀對象說話時也一樣。

假如你們都喜歡某個音樂人，聊那個音樂人會比聊其他話題更好聊。

假如對方喜歡棒球，請教他支持的球隊或選手，他或許會很樂意告訴你。只要你在傾聽時能夠保持愉快的態度，話題一定能夠延續下去。

但是，突然找對方聊天過於突兀，換作是我，**會先找出我們共同的朋友**。透過自己與那位朋友的關係，順便稍微了解自己的暗戀對象，等之後出現你們共同關心的話題時，就有機會主動攀談了。

等你們能夠互相用 LINE 聊天時，LINE 的對話也要秉持相同的原則。

如果情況不順利，你要稍微反省自己是否提到了對方不懂或不感興趣的話題，或是你只顧著聊自己的事。

\ 思考提示 /

與對方聊什麼話題最好聊？

第5章

關於戀愛

42

我有喜歡的人，
請告訴我如何
鼓起勇氣告白！

在什麼狀態下，你會願意告白？

等你做好什麼樣的準備，

你才會開口告白？

第5章　關於戀愛

這個問題也攸關於你的心態。

換句話說，等你做好心理準備，覺得「我可以鼓起勇氣」時，就能夠告白了。

你處在什麼心態下才能鼓起勇氣呢？

話說回來，能鼓起勇氣的心態，又到底是什麼樣的狀態呢？

你必須先問問自己這一點，並且找出答案。

等你調整好心態後，就是告白的好時機。

除了告白之外，我相信今後也會出現許多你不得不拿出勇氣的場合，但**至少你已經準備好，知道用什麼方式轉換心態來鼓起勇氣。**

話是這麼說，其實我向現在的妻子告白時，只是憑著一股衝動，並沒有特別調整心態。

我和她當了很長一段時間的朋友；雖然一度考慮告

白，卻實在提不起勇氣開口。

　　直到某天，我不曉得為什麼再也無法克制告白的念頭，無論如何都想告訴她，所以根本沒有調整心態。儘管如此，我還是成功了。

\ 思考提示 /

如何調整自己的心態？

43

見不到男朋友（女朋友）時，
如何排解寂寞？

下次見面的時候，你想做什麼事？

你喜歡男朋友（女朋友）的哪一點？

第5章　關於戀愛

見不到面，覺得寂寞的時候，最重要的就是轉移注意力。老是想著見不到面也於事無補，所以試著想像見面之後有多快樂等正面的事情吧。

　　再來就是去做你能專注投入的事、想要嘗試的事，然後在無法見面時，專注在那些事情上。
　　正因為有見不到面的時候，才會提醒你能夠見面有多重要。

　　人的一生中會喜歡上某個人的機會，沒有你想像中的多，因此要好好珍惜「喜歡上某個人」的心情。那種心情到哪裡都找不到，只能從你心中誕生；但並非都是快樂的，也會感到痛苦。總之，請好好感受吧。

　　有人說：「戀愛是盲目的。」我們一旦喜歡上某個人，往往會忽略周遭的人。
　　但我認為最遺憾的是，說不定你其實連對方也看不見。當你漸漸看不清喜歡的人的時候，就是你逐漸變得自

我中心的時候。

你會希望「對方更常這樣做」，你會質疑「對方為什麼不為你這樣做？」，你不斷要求對方，卻忽略了對方的需求與感受。

問題是，**人與人的相處，不就是該為對方著想嗎？**假如你發現自己只在乎自己的感受，請自問：「我能夠為喜歡的人做什麼？」「怎麼做才能讓喜歡的人快樂？」

\ 思考提示 /

你看得見你喜歡的人嗎？

第 5 章總整理

38 我現在沒有喜歡的人。一定要有嗎？

→你覺得自己比較可能喜歡上什麼樣的人？

39 我只喜歡藝人或動漫裡的角色。這樣很奇怪嗎？

→那個藝人或動漫角色的什麼特質吸引你？

40 我想變得受歡迎！

→在你眼中帥氣或可愛的人，都是什麼樣的人？

→怎麼做才能讓自己更接近那樣的人？

41 我有暗戀的人，該怎麼主動找對方說話？

→那個人喜歡什麼？

→你們有共同的嗜好或共同朋友嗎？

→你想問他哪些問題？

42 我有喜歡的人，請告訴我如何鼓起勇氣告白！

→在什麼狀態下，你會願意告白？

→等你做好什麼樣的準備，你才會開口告白？

43 見不到男朋友（女朋友）時，如何排解寂寞？

→下次見面的時候，你想做什麼事？

→你喜歡男朋友（女朋友）的哪一點？

第 6 章

關於家人

44

爸媽反對我的未來規畫，
我該怎麼做，
才能讓他們願意理解我？

你認為你爸媽為什麼會反對？

他們真正的感受是什麼？

你想走哪一條路？

第6章　關於家人

我父母也曾經反對我的人生規畫；我當時想念專門學校³，但因為父母反對，我才去念了大學。但是在大學生涯中，我也獲得許多美好的回憶與經驗。我後來才明白，不管當時我走哪一條路，我都能夠得到自己想要的人生。

　　直到今天，我依舊很慶幸自己走上這條路。

　　朝自己追求的目標直線前進固然很重要；但這並不意味著走上不同的道路，就會因此扼殺人生的可能性。

　　「不管走哪一條路，人生的可能性都不會改變。」

　　我希望從我一路走來的親身經驗，讓你明白這一點。

　　請記住這個結論，當你察覺父母反對時，請按照以下兩個步驟思考：

　　步驟一，思考父母為什麼反對，試著找出答案。

　　我相信他們不是為了否定你。他們反對的真正理由，多半是出於擔心。既然這樣，你可以思考怎麼做才能讓他們放心。

　　步驟二，讓他們知道你為什麼想要走那條路，讓他們明白你不是一時興起。

最後，我想跟大家說一個發生在我身上的小故事。

我二十九歲時，由於創立的公司經營不善，成了無業遊民。我本來打算接下來改走教授教練式領導之路，卻再度遭到父母反對。他們說：「你做這個會餓死！」

然而，我深入研究這一行，每天提出一個問題並上傳社群平臺，開始以「提問專家」的身分積極活動。現在，父母都很支持我。但誰想得到當年我甚至被迫跟父母約定，要是三年內沒闖出名堂，就必須回老家的壽司店上班。

\ 思考提示 /

你到現在採取過哪些行動？

3. 一種日本特有的學制，供學生以一、兩年的時間學習新技能（依專業內容不同，另外區分出三年或四年制），畢業後就能發揮即戰力進入職場。

第 6 章　關於家人

45

爸媽說我是「音痴」，
害我現在都沒辦法
在別人面前唱歌……

你有沒有什麼話想對自己說？

209

話語具有強大的力量，能夠帶給人們能量，有時也會帶來傷害；某人一句無心的言論，很可能會深深影響聽到這句話的人。

　　我一直認為，人的感受是由話語所構成。話語又可分為「自己的話」和「別人的話」。

　　你父母說你是音痴，讓你認定「我是音痴，不會唱歌」，就會降低自我肯定感。

　　相反地，你父母讚美你很會唱歌，你心想「我很會唱歌」，就會提升自我肯定感。這是最理想的狀況。

　　但問題是，別人不見得會開口讚美。因此，這時你需要讚美自己，改變自己的說話內容或增加「自己的話」的影響力，成為自我肯定的力量。

別受「別人的話」擺布，因而降低「自己的話」的影響力！

　　請對自己說些肯定的話。一開始可能會覺得難為情，

覺得很蠢，但這樣做很有效，我希望你也能試試看。

增加肯定自我的話語，情緒自然會改變。

先有話語，再有情緒，按照這個順序修正。

一旦情緒改變了，行動也會跟著改變。

＼ 思考提示 ／

自己覺得「很棒」就好了，不是嗎？

46

我老是給爸媽添麻煩，
我希望得到他們認同。

現在，你能夠做什麼？

你覺得你可以做好哪些事？

得到爸媽的認同很值得開心。但更重要的是，你不認同自己嗎？如果答案是否定的，我希望你先認同自己。

我為什麼會這麼說？因為假如你不認同自己，今後也會一直困在「我希望獲得某人認同」的想法中，牢牢被束縛著。

例如「我想要得到上司的高度讚賞」、「我希望伴侶稱讚我」、「我希望在社群平臺上得到很多『讚』」。

這樣下去根本沒完沒了。被認同的感覺當然很棒，但一旦不被認同時就會感到很痛苦。

懂得肯定自己的成就，不管多小的事都無所謂，你會發現自己其實可以做得更多。如此一來，你的想法也會變成「這樣就夠了」、「我保持這樣就好」。

當你感到滿足了，再去尋求別人的認同時，就不會產生不必要的痛苦。

此外，給爸媽添麻煩是子女的義務。況且，與其說是添麻煩，你也可以想成是一種依賴。

我們的人生有兩個時期，依賴父母的時期，以及孝順父母的時期。你現在依賴父母，但十年、二十年後或許會想：「我能夠為父母做什麼？」不用等到那麼遙遠的未來，你現在就可以一年一次、兩次，思考「怎麼做能讓父母開心？」，並付諸實踐，這樣也是盡孝道。

偶爾依賴，偶爾盡孝，不也很好嗎？

\ 思考提示 /

> 爭取爸媽的認同固然很好，但難道你不認同
> 自己嗎？

47

爸媽老是唸我，
我覺得很煩。

你希望你爸媽怎麼對待你？

你希望與爸媽保持什麼樣的關係？

你想要表現出怎樣的自己？

第6章 關於家人

217

你現在對父母一定感到很厭煩吧？但這樣下去對你的心理狀態也不好。你現在應該很想大發牢騷，避免情緒不斷累積吧。

　　我在書中也介紹過，你可以把情緒寫在紙上，再用力撕碎或揉成一團扔掉。畢竟我們無法控制別人的行動，也很難讓父母停止嘮叨。

　　因此，我採用的終極方法是這一招——「無視父母的嘮叨」，只體諒他們的擔憂。

　　我會這麼做也是因為我心裡很明白，父母的嘮叨都只是因為擔心我。

　　每當父母開始唸我，或反對我做的任何決定時，我都會想：「**爸媽為什麼要說那種話？**」後來，我得到的結論是：「因為他們很擔心我。」

　　所以，我決定無視父母因為擔心而不自覺掛在嘴邊的嘮叨。取而代之的是，我會盡可能體諒他們「**擔心我**」的心情。

你不必遵照父母所指示的一切去做，你只需要記住，他們只是擔心自己的孩子。

\ 思考提示 /

無視他們說的話，也不體諒他們的心情嗎？

44 爸媽反對我的未來規畫，我該怎麼做，才能讓他們願意理解我？

→ 你認為你爸媽為什麼會反對？

→ 他們真正的感受是什麼？

→ 你想走哪一條路？

45 爸媽說我是「音痴」，害我現在都沒辦法在別人面前唱歌……

→ 你有沒有什麼話想對自己說？

46 我老是給爸媽添麻煩。我希望得到他們認同。

→ 現在，你能夠做什麼？

→ 你覺得你可以做好哪些事？

47 爸媽老是唸我，我覺得很煩。

→ 你希望你爸媽怎麼對待你？

→ 你希望與爸媽保持什麼樣的關係？

→ 你想要表現出怎樣的自己？

後記

感謝大家讀到最後。

你們是否已經找到養成「思考力」的關鍵了呢？

人生最重要的能力，就是「自主思考並自行找到答案的能力」。想要引導出答案，最重要的是「問對自己問題」。

活在世上五十年，我對這一點感觸很深。這也是我唯一後悔沒有早點領悟的道理。

考試「只有唯一解」，但這個世界卻擁有各式各樣的答案。

我們必須做的不是找出正確答案，而是「找出自己的答案」。

答案是錯是對不重要，重要的是持續不懈找到自己的答案。能夠找出自己的答案，就不必過著任人擺布的人生。

內心的後悔，也會在你找出答案的當下快速消逝。

我在成為「提問專家」之前，也活在「尋求別人給我答案」的觀念中。

升學要選擇哪所學校才正確？

選擇哪個職業才正確？

住在哪裡才正確？

我向很多大人請教過，但到頭來只是越聽越迷惘。

答案不是聽來的，是自己想出來的。我領悟到這一點之後，終於過起了自己的人生。

此外，我想補充一點，請不要獨自一個人過度努力，盡量仰賴別人的幫助吧！

煩惱時能夠幫助你的，除了自己之外，就是支持你的朋友和夥伴。

這本書也是在許多人的通力合作下才能誕生。

感謝編輯澤、代筆作家 KAHORU、插畫家 akko. 等人，這是集結眾人之力才得以完成的作品。

最後要感謝閱讀本書的你。

希望你今後也能思考出絕妙的答案，過上自己想要的人生。

正在沖繩眺望魔幻時刻天空的

松田充弘

國家圖書館出版品預行編目 (CIP) 資料

變成大人前的思考練習：關於同儕、自我、夢想、學業、
戀愛和家人 / 松田充弘著；黃薇嬪譯 . -- 初版 . -- 臺北市
: 晴好出版事業有限公司出版 : 遠足文化事業股份有限
公司發行 , 2024.04
240 面；14.8×21 公分
譯自：13 歲からの考える練習

ISBN 978-626-7396-49-0（平裝）

1.CST: 成功法　2.CST: 生活指導
177.2　　　　　　　　　　　　　　　113001186

Y12

變成大人前的思考練習：
關於同儕、自我、夢想、學業、戀愛和家人

作　　　者｜松田充弘
翻　　　譯｜黃薇嬪
責 任 編 輯｜鍾宜君
封 面 設 計｜張巖
內 文 設 計｜簡單瑛設
特 約 編 輯｜周奕君

出　　　版｜晴好出版事業有限公司
總 　編 　輯｜黃文慧
副 總 編 輯｜鍾宜君
編　　　輯｜胡雯琳
行 銷 企 畫｜吳孟蓉
地　　　址｜104027 台北市中山區中山北路三段 36 巷 10 號 4 樓
網　　　址｜https://www.facebook.com/QinghaoBook
電 子 信 箱｜Qinghaobook@gmail.com
電　　　話｜（02）2516-6892　　　傳　　　真｜（02）2516-6891

發　　　行｜遠足文化事業股份有限公司（讀書共和國出版集團）
地　　　址｜231023 新北市新店區民權路 108-2 號 9 樓
電　　　話｜（02）2218-1417　　　傳　　　真｜（02）2218-1142
電 子 信 箱｜service@bookrep.com.tw
郵 政 帳 號｜19504465（戶名：遠足文化事業股份有限公司）
客 服 電 話｜0800-221-029　　　團 體 訂 購｜02-22181717 分機 1124
網　　　址｜www.bookrep.com.tw
法 律 顧 問｜華洋法律事務所／蘇文生律師
印　　　製｜前進彩藝
初 版 一 刷｜2024 年 4 月
定　　　價｜350 元
I S B N｜978-626-7396-49-0
E I S B N｜978-626-7396-57-5（PDF）
E I S B N｜978-626-7396-58-2(EPUB)

13 SAI KARA NO KANGAERU RENSHU
Copyright © 2022 by Mihiro MATSUDA All rights reserved.
Illustration by akko.
First published in Japan in 2022 by Kizuna Publishing.
Traditional Chinese translation rights arranged with PHP Institute, Inc. through Keio Cultural Enterprise Co., Ltd.